おそとで楽しむ 遊びのワンダーランド

木村 研

いかだ社

目　次

01　すぐにできる遊び

02 かんたん手づくりおもちゃ

すぐにできる

01

遊び

　晴れた休日には、家族で散歩に行ったり公園で過ごしたり、車で遠出をする機会
も多くなりますね。

　行き先や車の中で、子どもたちは家族の人たちと遊ぶことになります。お父さん
やお母さんと、おじいちゃんやおばあちゃんとも遊ぶでしょう。そんなとき、どんな
遊びをしたらいいでしょう。

　そこでおすすめしたいのが、本書の「準備いらず」の遊びです。道具を使うとし
ても家庭にある身近なもので充分ですし、お出かけの荷物の中に入れても邪魔にな
りません。そして、どれも幼児からおじいちゃんやおばあちゃんまで幅広く楽しめる
遊びばかりです。

　さあ、ひと声かけて、まずは遊んでみましょう。何度も何度も……。

押しあいへしあい
何人乗れるかな？

用意するもの
古新聞

ちょこっとコラム

新聞さえあればできるかんたん遊び。家族なかよく新聞紙に乗るだけです。破れなかったら新聞を半分に、また半分に折って小さくしていきます。最後のほうは、おんぶしたり、ぎゅうぎゅう抱き合うなどして助け合いましょう。

遊び方	❶ 新聞1枚を広げてしく。
	❷ 新聞の上に全員が乗り、10まで数えたらセーフ。新聞の外に足をついたり、転んだり、紙が破れたりしたらアウト。
	❸ セーフでいったん全員下りたら、新聞を半分にたたみ、また全員が新聞に乗る。
	❹ 乗れなくなるまで繰り返そう。

 応用　新聞紙でなくてもかまいません。小さな紙でも遊んで
みましょう。

■ 2人でやってみよう。
■ 勝ち抜き戦もおもしろい。

つられないでね
あるあるリズム拍手

ちょこっとコラム

リーダーがテンポよくいう言葉に合わせて手を叩くリズム遊びです。でも中には間違い言葉が混ざっています。リズムにつられて引っかからないよう気をつけて。罰ゲームが待っていますよ。野外で輪になって遊んでみましょう。

遊び方	❶ リーダーが、テンポよく食べ物の名前をいう。 （例：あんパン。食パン。フライパン） ❷ みんなはリズムに合わせて「あるある」と手拍子を打つ。 （例：あんパン〈あるある〉、食パン〈あるある〉…） 次の「フライパン」のときにつられて手を叩くとアウト。 ❸ 「フライパンが食べられるそうですから、食べてもらいましょう」とリーダーにいわれたら、間違えた人はフライパンをジェスチャーで食べる。 ❹ 「ポッキー。クッキー。ラッキー。シャンプー。カレーライス」など、自由に続けよう。

応用
- 目をつぶってやってみよう。
- 出題者を交代してやってみよう。
- 手拍子の代わりにひざや机を叩いてもよい。

正しく伝えられるか
お話伝言ゲーム

桃太郎のおにいさんの
金太郎のともだちが
桜の花見でおだんごを
食べすぎて
金太郎のおねえさんに
おこられました。

ちょこっとコラム

ないしょ話は、いくつになってもくすぐったかったり、ドキドキするものです。家族で遊んでから、いろんな所でやってみるといいですね。なれてくると、問題づくりも、耳元でささやくことを考えて、いろいろ工夫したくなると思います。おじいちゃんおばあちゃんは、講談や落語の話だっていいんですから、かんたんですよね。

用意するもの
メモ用紙

遊び方

❶ あらかじめ、100字（年齢に応じて）くらいのめちゃくちゃな話（混乱しそうな話になるとよい）を、複数つくっておく（1人が1つ以上つくっておくとよい）。

❷ 全員が輪になって座る（テーブルやこたつを利用してもよい）。

❸ ジャンケンなどで勝った人がリーダーになり、お話の紙を引き、となりの人に見せる。

❹ となりの人は文章を覚えて、となりの人に伝える。

❺ 伝言していって、最後の人は大きな声で答え合わせをする。

どれだけ正しく伝えられるかが勝負。

1回ごとにリーダーを交代してもよい。

応用

学校だったら、教室の席に座ったままできる伝言遊びとして、またキャンプなどでもお試しください。

■ 文章を長くしたり、絵を伝言してもよい。
■ お話の用意がなくても、その場で、順番に少しずつお話を継ぎ足していってもよい。

 → →

いきなり俳句大会

ちょこっとコラム

俳句は、大人だけのものではありません。みんなが協力してつくることによって、俳句の楽しさが伝わればいいですね。そうすると、散歩中でも、ドライブ中でも、掛け合いのように、最初の5文字をいうと、みんなが後を続けるようになるでしょう。これが、本当の「いきなり俳句」ですよね。

用意するもの
メモ用紙

これが俳句！

へぇ～すごい！5・7・5

五円玉
開けて見たらば
おとしだま

玉じい

おじいちゃんすごい!!

遊び方

❶ リーダーを決める。

❷ リーダーが、最初の5文字を読む。

❸ 他の人は、メモ用紙に、後の7文字・5文字を考えて書く。

❹ 順番に発表して、順位を決めてもいいし、今回の1番の句を決めてもよい。

❺ リーダーを交代してやろう。

 応用　俳句の楽しさがわかったら、みんなで、本格的な俳句づくりをして遊んでください。

■ チーム対抗でやってもよい。この場合は、7文字と5文字をリレー式で考えるので、ラストの5文字は大人が考えたほうがよい。

■ つくった俳句は短冊にすると雰囲気がでる。

■ 短歌 (5.7.5.7.7) にチャレンジしよう。

どこまで続くかな
しりとりチームリレー

ちょこっとコラム

しりとりは、勝ち負けを決めるものですが、家族で協力して、どこまで続けられるかを楽しむ遊びです。毎日続ければ、いろんな言葉を覚えるから、どんどん続けられるようになるでしょう。いつでもどこでも、家族がそろっていれば楽しいしりとり遊びが始められます。

遊び方

❶ 順番を決めて、しりとりをする。
❷ わからない人は、「ヘルプ」「たすけてー」といおう。
　助けを求められたらみんなが協力する。
❸ どこまで続くかやってみよう。

 応用　パーティなど、人がたくさん集まるときや学校などで、友だち同士なかよくなれる遊びとしても楽しめます。

■ みんなでしりとりの歌合戦をしてみよう。歌っている人が区切りのいいところで切って、そこから続けるとか。タイトルのしりとりなどもよい。

何の音？

ちょこっとコラム

私たちは、毎日生活している中で、いろんな音を聞いているはずです。でも、その音だけを取り出してみると意外にわかりません。生活の中で聞いている音を集めて聞くだけで、家族共通の楽しみを見つけたような気分になると思います。そんな音をみんなで当てっこする遊びです。音を集めるところから楽しんでください。

みんなが集めた音をひとつにまとめたよ！

スマホやボイスレコーダーで録音する！

遊び方

❶ それぞれが、家の中や散歩などのときに、いろんな音を録音しておこう。

❷ みんなが集めた音を1つにまとめておく。

❸ 車の中など、みんなが聞ける場所で、出題者が音を少しずつ流し、何の音か当ててもらう。

❹ 答えが出そろったところで、先を聞く（答えがわかるような音を入れておくか、出題者が〇〇でしたと答えを入れておくとよい）。

応用　パーティなど、たくさんの人が集まるときに、やってみましょう。ビールを注ぐ音・パチンコの音・いびき・おなら・怒鳴り声などを次々に出して、「私は誰でしょう?」という、人物当てをしてみるのもいいですね。

■ 家族で野外に出かけて、車や電車の音、鳥の声や虫の音を集めるのもよい。

煮えたか焼けたか食べてみな

ちょこっとコラム

1分間って長いですか？ 短いですか？ 時計を見ないで計ったらどうでしょう。長くなったり短くなったり、ばらばらですね。この遊びは、体内時計で1分間を当てる遊びです。時計さえあれば移動中の電車や車の中、どこでも楽しめます。

今からお雑煮を
ごちそうします！

では、
スタート！

このお雑煮は
1分で煮えます。
目を閉じて煮えたと
思ったら手を上げてね！

用意するもの
時計

遊び方

❶ リーダーが遊びの説明をして、他の人は目をつぶる。
「今からお雑煮をごちそうします。お雑煮はちょうど1分で煮えます。早いと固いし、長いと煮えすぎてしまうので、ちょうどいいところ（1分）で手を上げてください」

❷ 時計を見て「スタート」の声をかける。それぞれ1分と思うところで静かに手を上げる。

❸ 1分たったら終了。

❹ ピッタリの人には、おいしそうにお雑煮を食べるまねをしてもらう。早かった人には固いお雑煮を、手を上げなかった人にはどろどろのお雑煮を食べるまねをしてもらう。

応用

■ 2分、3分と時間をのばしてみよう。
■ みんなに食べたいものを聞き、それぞれの
　食べ頃の時間でやってみよう。

ホシをあげろ！

刑事ドラマで犯人をつかまえることを、ホシをあげる、といいますね。つまり、名探偵気分になって、ホシ（ここでは、問いに答えることをいいます）を探しましょう。

大きな新聞紙の中で探すわけですから、子どもが関心のあるもの、知っている言葉をホシにして出題するといいでしょう。

用意するもの
古新聞
えんぴつ（色えんぴつやマーカーペンでもよい）

遊び方

❶ 全員が1枚ずつ新聞を自分の前におく。
❷ 順番にリーダーを決め、「ホシ（かんたんな文字の名前がよい）を探してください」という。
❸ それぞれが、自分の新聞を開いて名前を探す。
❹ 早く探した人が勝ち。
❺ リーダーを交代して続ける。
❻ 新聞にその文字のない人もいるが、それも運。

 応用

学校でやるなら、新しく出てきた漢字や言葉などを出題すると、一石二鳥で勉強もできるかも。夏休みなどは親子で毎日やってもいいですね。

■ 「山」や「川」などのかんたんな文字探しをして、何個探せるか、数の多さを競争してみよう。
■ ひらがなで「たこ」「いす」などでやってみよう。意味に関係なく見つけられるでしょう。

はちまきリレー

用意するもの
手ぬぐい
（タオルでもよい）

ちょこっとコラム

今どきの子は、ひもを結べなくなったといわれますが、考えてみれば無理もないでしょうね。世の中が便利になりすぎて、ひもを結ぶ必要がなくなったからでしょう。子どもたちのくつは、どんどんカッコよくなって、ひもなど結ばなくていいように便利になっています。そんなことも考えながら、親子で遊んでもらえると嬉しいですね。

タイムを
計るよ！
よーい.ドン！

手ぬぐい

ギュッ！

ポン！

はい！
次
がんばって！

遊び方

❶ 輪になって座り、スタートの合図で頭に手ぬぐいハチマキをしめる。

❷ 「ハチマキをしめたよ」の意味でポンと手を叩き、ハチマキを外して次の人にわたす。

❸ 次の人も同じようにして、となりの人にリレーしていく。

❹ 最後の人は、「ポンポン」と手を叩いて「終わったよ」という。
時計があれば、タイムを計ってもいいね。

応用

■ 手ぬぐいが2本以上あれば、チームに分かれて
「よーいドン」で競争してみよう。
■ 人数を決めて、ギネスに（勝手にルールをつくって）
挑戦してみよう。

リフティングみたいに
手ぬぐいキャッチ

ちょこっとコラム

けん玉は、やさしい技から難しい技までをやって、それがワンセットになりますよね。手ぬぐいキャッチも、かんたんな技から始めて6通りのキャッチをする遊びです。上手になれば、キャッチする決めポーズをカッコよくやってみてくださいね。すてきなシャッターチャンスになりますよ。

用意するもの
手ぬぐい
（タオルでもよい）

手ぬぐい

しばる

用意

スタート

両手で
キャッチ！

右手で
キャッチ！

遊び方

❶ 重みがつくよう、手ぬぐいに結び目をつくる。

❷ 最初は、手ぬぐいを投げ上げて、両手でキャッチする。

❸ 次は右手でキャッチ、3回目は左手、4回目は頭でキャッチ。

❹ 5回目は右足、最後は左足でキャッチする。これでワンセット。
　　何回できるかチャレンジしよう。

応用

■ 背中や胸など、キャッチする場所をいろいろ
　考えよう。

■ 投げてもらってキャッチしてもよい。

かんたん輪投げ遊び

今度は左手でとるよ！

いくよ！

用意するもの
古新聞
セロハンテープかガムテープ

ちょこっとコラム

縁日などで輪投げをしても、なかなか的にかかりませんね。でも、これは人間を的にして遊ぶ輪投げです。的のほうから入ってきますから、小さい子だって上手にできます。投げるほうとキャッチするほうのチームプレーです。子どもが的になるときには、とりやすく投げればいいのです。さあ、親子でやってみましょう。

遊びの OnePoint

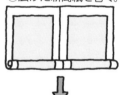
①広げた新聞紙を巻く。

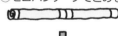
②セロハンテープでとめる。

③輪にして、数か所ガムテープでとめる。

遊び方

❶ 新聞紙を丸めて、5、6個の輪投げの輪をつくる。

❷ 2人が離れて向かい合って立つ。1人が両手を上げ、片足で立って的になり、もう1人が輪を投げる。

❸ 的の人は協力して、手や足でキャッチする。かかったものが得点となる。

❹ 交代してやって、合計がチームの得点になる。

応用

■ 投げる人が、受け取る場所を指示する。
たとえば「右手」と指示したのに足で
キャッチしたらアウトになる。

■ 的は動かないことにしてやろう。
両手をそろえて上に上げて、体にかかっ
たものだけを得点にする。

落ち葉のピッタシカンカン

用意するもの
巻尺

ちょこっとコラム

落ち葉の季節になると、そうじが大変ですね。そんなときに覚えておくと、子どもたちが競争で「落ち葉拾い」をしてくれます。お手伝いは嫌でも、遊びなら負けるわけにはいきません。先を争って落ち葉拾いをしてくれるでしょう。

落ち葉を
つないで
1mになるよう
ひろってきてね！

1m?

1mって
どのくらい？

遊び方

❶ リーダーが、「落ち葉の長さ、つないで1m」と指示する。
❷ みんなで庭に出て、1m分と思う枚数の落ち葉を拾ってくる。
❸ みんなが拾ってきた落ち葉を並べて、長さを測る。
❹ 1mにもっとも近い人が勝ち。この場合は、オーバーしてもよしとする。

■ 応用 　拾った落ち葉で貼り絵をつくるなど、落ち葉を使った遊びや製作を考えておくと、一石二鳥、いや三鳥にも四鳥にもなるでしょう。

■ つなぐ長さを自由に決めて、家族対抗でやってみよう。
■ 重さで競ってもよい。

どこでもポーン
くつのダーツ

用意するもの
くつ
（はいているもの）

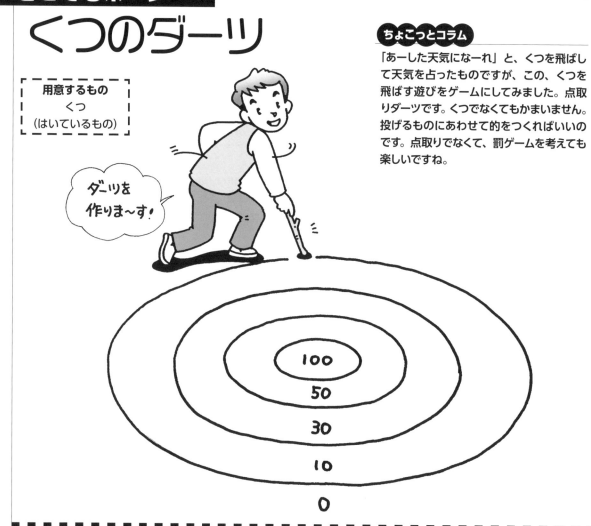

ダーツを
作りま〜す！

ちょこっとコラム

「あーした天気になーれ」と、くつを飛ばして天気を占ったものですが、この、くつを飛ばす遊びをゲームにしてみました。点取りダーツです。くつでなくてもかまいません。投げるものにあわせて的をつくればいいのです。点取りでなくて、罰ゲームを考えても楽しいですね。

100
50
30
10
0

遊び方

❶ 3重から5重くらいの円を書き、内側から高い点数を書く。

❷ 円から離れた所にスタートラインをひいて、そこから順番に自分のくつを投げて、ダーツをしよう。くつが落ちた所 (円の中の場合、両方にかかっていたら、多くかかっているほう) が得点となる。

❸ 左右のくつを投げて、得点の多い人が勝ち。

遠いのぞきめがね

ちょこっとコラム

野球の応援などに行ったときは、メガホンは必需品ですね。でも、なくたってへいきです。手元にある紙を丸めただけでも充分楽しめます。

この遊びは、公園や原っぱ、キャンプ場や砂浜などの広い場所でやりましょう。小さな穴からのぞく世界は不思議な世界です。お父さんお母さんも子どもにかえって遊んでみましょう。

用意するもの
メガホン（紙を丸めてつくるとよい）

あの木に
タッチして
きてね！

遊び方

❶ 5mから10mくらい先に、回ってくる目印（木・ベンチ・岩などなんでもよい）を決める。

❷ 1番の人から、メガホンの大きいほうを顔にかぶり、先の穴から前を見て、目印を回ってくる。

❸ 交代して全員がやろう。

 応用　時間のあるとき、メガホンをたくさんつくっておいて、鬼ごっこをするのも楽しいですよ。

■ 人数が多いときは、リレーをしてみよう。
■ 長いロープなどがあれば、それを見ながらたどっていくのも面白い。

吹き吹き競馬競争

用意するもの
古い名刺（はがきや
画用紙でもよい）

ちょこっとコラム

ギャンブルなんていけません、といわなくてはいけないのに、ギャンブルの楽しさは格別です。吹き吹き競馬は、お父さんが思いっきり競馬ができる遊びです。家族がたくさん集まったら、お父さん同士で競馬競争をやってみましょう。ギャラリーが多いほど盛り上がりますよ。馬に名前をつけるところから、さあ始めましょう。

遊びの OnePoint

①名刺などに図面を書き、切りこみを入れる。

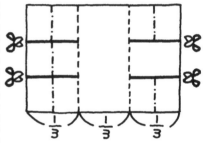

②折り線どおりに折り、馬の形にする。

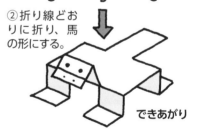

できあがり

遊び方

❶ 名刺で図のような競馬馬を人数分つくる。

❷ スタートとゴールを決め、スタートラインに競馬馬を並べて、スタートの合図で後ろを吹きながら競争しよう。

❸ 先にゴールしたほうの勝ちとする。

 応用

- テーブルの下を通ったり、イスを回ってくる など、走るコースを工夫しよう。
- 絵本などで、坂道をつくってみよう。
- ストローで吹いてもよい。
- ホームパーティのときなど、お父さん同士 でレースをしてみよう。

空き缶ころころ

昔は、身近にあるものを何でもおもちゃにして遊んだ気がします。自転車の車輪（タイヤとチューブを外した後の輪）も、棒で転がして遊んだものです。細い棒（なければ新聞紙でつくる）で、空き缶を転がしてリレーをしてみよう。

用意するもの
古新聞
空き缶やペットボトル

よーし！

いけいけ〜！

あっと…！

お兄ちゃんはやい！

遊び方

❶ 新聞紙を丸めて細い棒をつくる。

❷ 1人ずつ棒を持ち、2人で協力して缶を転がしてみよう。まっすぐ進んだり曲がったりなど、力を合わせられるかが勝負。

❸ 1人で棒2本、2人で棒1本でも挑戦してみよう。

応用

■ ペットボトルを転がしてみよう。太さが違うから
　難しくなるね。
■ 昔のように自転車の車輪にも挑戦してみる？

ぐるぐる忍者の修行

子どもは忍者が大好きです。忍者は毎日修行をします。繰り返しやることが「力」になるからです。それは遊びも同じで、楽しく遊びながらジャンプすることが「力」になります。広い所でいっせいに何人も跳んでもいいでしょう。お父さんなら、子どものジャンプに合わせて回すこともできますね。

用意するもの
ビニール袋　ひも
サッカーボールなど

ボールを入れてしばってひもをつける！

タオル

新聞紙

落葉

手提げ袋

タオルや新聞紙、落葉を入れてボールのかわりにしてもいいよ！

遊び方

❶ ビニール袋にボールを入れて、長いひもをつける。代わりに新聞紙やタオルを丸めて入れてもいいし、秋なら落ち葉をつめてもよい。

❷ ひもを持ってボールを大きく回す。

❸ 大なわとびのように、タイミングをみてボールを跳び越そう。失敗しないで何回できるかやってみよう。

 応用

■ ひもを輪にして（大きめの輪がよい）片足首にかける。手を使わずジャンプしながら回してみよう。回すほうもいい運動になるよ。

みんなで大はしゃぎ
水まきシャワー

用意するもの
ビニール袋
えんぴつ

ちょこっとコラム

子どもは水遊びも大好きですね。夏の雑誌の取材で、子どもたちと水遊びの撮影をしました。肌寒い日でしたが、子どもたちは水遊びを始めたら、もうびしょびしょになるまで遊んでくれました。中には、たらいの中にしゃがみこんでしまう子までいて、撮影的には大助かりでしたが。ビニール袋を持って、みなさんも水遊びを始めてみましょう。

遊び方

❶ ビニール袋に水を入れて、えんぴつでさしてみよう。　「えんぴつをさしたらどうなる?」と聞いてからやるといいね。不思議と水は漏れないよ。

❷ 花だんなどの花の上で、えんぴつでたくさん穴をあけ、シャワーにして水まきをしよう。

こぼさないでね
水辺の水くみリレー

用意するもの
ペットボトル（１Ｌ）
ヨーグルトやプリンの容器
（紙コップでもよい）

ちょこっとコラム

昔、町民運動会などでよくありました。親子競技だったと思います。バトン代わりのおたまで水をくみ、一升びんまで運ぶレースでした。びんに絵の具でも入っていたのでしょう、チームごとに鮮やかな色の水になったことを覚えています。

いま、4杯目だよ！

ヨーグルトの容器に水をくんで…

こぼさないようにペットボトルに！

3m～5m

紙コップやペットボトルのふたでもいいよ！

遊び方

❶ 水辺から 3 ～ 5m 離れた所に、ふたを取ったペットボトルをおく。

❷ 「よーいドン」で容器で水をくみ、ペットボトルに入れる。

❸ 何回でペットボトルがいっぱいになるか競う。

応用

 ■ 500mℓボトルを2本用意し、早くペットボトルに水をためたチームの勝ちとする。
■ 花の絞り汁などを入れておくときれいな色水になるよ。

フィンガーリレー

この遊びはポケットティッシュがあればすぐに始められます。リーダーが、ティッシュペーパーを丸めてボールをつくります。ボールといっても、投げたり蹴ったりするわけではありません。だれでもかんたんにできますよね。原っぱで輪になって遊びましょう。

用意するもの
ティッシュペーパー

ティッシュ

フィンガーリレーいくよ！

あっとっと…

遊び方

❶ リーダーが、ティッシュを丸めてボールをつくる。

❷ 図のように、人さし指と小指でボールをはさみ、となりの人にわたしてリレーをしていく。

❸ 落とさずに、スタート（リーダー）までもどれるかやってみよう。

❹ タイムを計ってもよい。

目かくしおんぶ

ちょこっとコラム

大人（大きい人）が子ども（小さい人）をおんぶして、子どもの運転（指示）で遊びましょう。遊ぶといっても、散歩するだけでもいいんです。おんぶしてもらった子どもは、いつもと違う視点で周りを見ることになりますから、それだけでも楽しいはずです。

遊び方

❶ スタートラインに立ったら、おんぶされた人は下の人を両手で目かくしする。下の人が目をつぶるだけでも OK。

❷ 「よーいドン」の合図で、折り返し点を回ってくる。おんぶされた人は、「右」「左」など指示を出す。

❸ スタート地点までもどったら次のチームと交代。早くゴールしたチームの勝ち。

応用	■ 体の大きい人が少なければ、手を引くだけでも大丈夫。

■ チームに分かれてリレーをしてみよう。

■ タオルや手ぬぐいで目かくしをするのもいいね。

タオル
（手ぬぐい）

そのまま
まっすぐ！

林の中ゴルフ

用意するもの
ボールになるもの
帽子やビニール袋　ひも

ちょこっとコラム

子どものころからゴルフをしている子もいますが、まだまだ誰もがやっているスポーツではありません。でも、ゴルフを知らない子はいないでしょう。公園や林の中で、家族のゴルフをやってみましょう。ボールさえあれば、いやボールだってつくれば大丈夫。

しばりつけよう！

帽子

これで3回目！はいるかな？

遊び方

❶ ボールがなければ、ビニール袋に何かをつめるとか、タオルなどを丸めてしばってつくる。

❷ 次にコースをつくろう。自然を傷つけないように、ホールは帽子やビニール袋などをしばりつける。

❸ スタート地点を決め、そこから目当てのホールにボールを投げる。何回で入るかを、ゴールまでの投げた回数で競う。

❹ 回数の少ない人の勝ちとする。

※ボールは下から投げるようにしよう。

応用 ■ 紙皿を円盤にしてやってみよう。(皿のままでもいいし、2枚あれば貼り合わせた円盤にしてもいいね)

紙皿

よーいドンカメラ

ちょこっとコラム

家族で出かけるなら、カメラを使って遊んでみましょう。原っぱや公園の広い場所で、かんたんな運動会をして記念写真を撮ります。運動会だからといって、早く走る必要はありません。2人が出会った所で写真を撮るだけです。

用意するもの
カメラ

遊び方

❶ 地面に円を書き、スタートラインを決める。書かなくても、円があるとみんなが決めるだけで大丈夫。

❷ 2チームに分け、1人ずつ背中合わせにスタートラインに立つ。

❸ 「よーいドン」の合図で、2人はいっせいに走り出す。

❹ 出会った所で座って記念写真を撮る（撮ってもらってもよい）。

❺ 出会った場所で背景が違うので、どこで撮ったのかなどを後日みんなで推理しよう。

■ 応用

■ おもしろ写真を撮ってみよう。
被写体を手前におくと大きく写ります。遠くに立つと小さくなります。さあ、どんな写真が撮れるかやってみよう。

作品づくりの前に用意しておくと便利な道具

- ●筆記用具　　　　　　鉛筆・消しゴム・油性ペン・色鉛筆・絵の具・クレヨン
- ●接着道具　　　　　　セロハンテープ・ガムテープ・布ガムテープ・両面テープ・
　　　　　　　　　　　ビニールテープ・木工ボンド
- ●切るときに使う道具　はさみ・カッター
- ●その他　　　　　　　ホッチキス・押しピン・穴あけパンチ・千枚通し・キリ・定規・
　　　　　　　　　　　コンパス

　　　　　　　☆各ページの〝用意するもの〟には、その作品をつくるために
　　　　　　　　必要なものを表示してあります。

かんたん手づくり

02

おもちゃ

　工作はつくることを目的にしているけれど、おもちゃはつくって遊ぶもの。ボクはそう決めています。

　だから本書で紹介しているのはどれも遊ぶためのおもちゃです。遊ぶためならつくる時間は短く、できるだけかんたんなものがいい。そんなおもちゃをたくさん用意しました。材料や道具を少し持っていけば、出先でササッとつくってすぐに遊べます。

　遊んでみると、こうしたほうがいいかな、代わりに○○を使ってみようなど、工夫やアイデアが広がるでしょう。現地で見つけたありあわせの材料でつくれるようになれば、もう立派な上級者です。

　時間がかかりそうなら、あらかじめつくったものを持って行くのもいいですね。

　さあ、まずは手づくりしたおもちゃで遊んでみてください。そして、家族みなさんで楽しんでいただけたら嬉しいですね。

虫とりゲーム

カブトムシやクワガタは、男の子ならみんな大好きと思っていましたが、意外と苦手な人も多いですね。嫌いではないけどさわれない、とか。そんな人も楽しめる昆虫採集です。絵も苦手なら虫の名前だけでもOKです。

セミだ！

どこにいるかな？

セミ

5分間で何匹見つけられるか競争だ！ヨーイ、スタート！

あー！あった！

カマキリ

アリ

遊び方	① 林や公園に、あらかじめ隠すように虫のカードを貼っておく。
	② 「虫とり始め」の合図で、虫探しをする。
	③ 制限時間を決めるか、全部見つけたら終わりで遊ぼう。
	④ 時間を決めてやるなら、時間内にカードを多くとった人が勝ち。

ぼくは、大好きな
クワガタ！

おばあちゃんは
モンシロチョウ！

おかあさんは、虫はニガテ…。
でも、カードなら大丈夫よ！

用意するもの
画用紙　サインペン
ガムテープ

セミ

トンボ

バッタ

カブトムシ

 つくり方

① 画用紙をハガキ大に切り、1枚に1つの虫の名前と絵を書く。
② いろんな虫のカードをつくる。
③ ガムテープなどで、木や草に貼る。
●虫の習性を考えて貼ってみよう。
　【例】セミなら木、カブトムシは木の下のほう、バッタなら草むら　など

牛乳パック人形

カエルとネコと…

ペンギンとクマのおはなし！

人形劇がんばって！

ちょこっとコラム

この人形は片手で動かせます。両手に１つずつ持てるので、１人で漫才やお芝居などができます。腹話術でお話をしたり、自己紹介に使ってみるもいいですね。

遊び方	人形の口をつかんで持ち、パクパク動かしながらお話をしよう。

【応用】
人形劇をやってみよう。

用意するもの
牛乳パック（1Ｌでも 500ｍＬでも）
折り紙

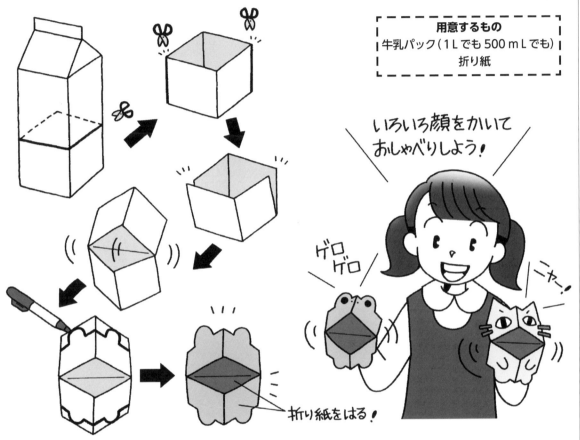

いろいろ顔をかいて
おしゃべりしよう！

ゲロ
ゲロ

ニャー！

折り紙をはる！

 つくり方

① 牛乳パックの下の部分を適当な長さに切る。
② 向かい合う角を底まで切って開く。
③ 底が口になるように、人形の形に切る。
④ 口の中や体に折り紙を貼る。はみでた所は裏側に巻いて貼る。

⑤ サインペンで目や鼻を書くか、白い丸い紙を貼り、その中に目玉を書いて仕上げる。

もしもし、どこでも糸電話

ちょこっとコラム

メールで用事が済むことが多いせいか、会話が少なくなったように思います。はじめて電話でお話をしたときのように、どきどきしながらたくさんお話をしたいですね。

遊び方	① 紙コップを持ち、糸がピンと張るくらい離れる。 ② 1人が紙コップを耳に当て、もう1人が紙コップを口に当ててお話をしよう。離れていてもよく聞こえるよ。	**【応用】** ● 糸の途中にもう1、2個糸電話をつけて、3人、4人でやってみよう。

糸が抜けない
ように貼る

用意するもの
紙コップ　もめん糸

ピンと
張ってね!

もし
もし…

わ〜!
聞こえたよ〜!

つくり方	① 長めに切ったもめん糸を、紙コップの底にセロハンテープで貼りつける。糸が抜けないように貼るか、糸の先を丸めておくとよい。 ② 糸の片方をもう1つの紙コップの底に固定する。

野菜でっぽう

家庭でならかんたんにできるおもちゃです。お母さんにお願いして、台所で出る野菜くず（大根・にんじん・さつまいもなど）をもらってつくってみましょう。

遊び方	① 野菜の玉を矢の先にさす。 ② 矢を引いて放すと、「パチン」という音とともに野菜が飛んでいく。

【応用】
● 昔のように竹でつくってみよう。

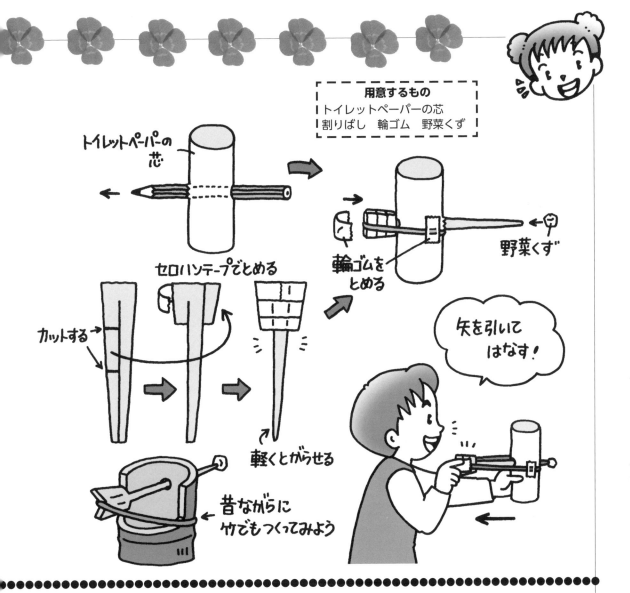

トイレットペーパーの芯

セロハンテープでとめる

輪ゴムをとめる

野菜くず

カットする

軽くとがらせる

矢を引いてはなす！

昔ながらに
竹でもつくってみよう

つくり方	① トイレットペーパーの芯にえんぴつを通り抜けさせて穴をあける。千枚通しであけてから、えんぴつを通すとよい。 ② 割りばしを割らないよう図のように切り、矢をつくる。羽の部分は木工用ボンドで貼り、セロハンテープを巻いて固定する。先は危なくない程度に軽くとがらせる。	③ 矢を芯の穴に通す。 ④ 芯に輪ゴムをかけ、芯の側面をテープで固定する。矢の羽の部分にも輪ゴムを固定する。 ⑤ 野菜くずを小さく切って玉にする。

輪投げ

エイッ!

おーっ! 入るぞ!

すごい!

ちょこっとコラム

ある散歩の会で古い農家に行ったとき、昔のおもちゃがおいてありました。しかし今の子どもにはできないものばかり。1つだけいっしょに遊べたのが輪投げでした。

遊び方	① トイレットペーパーの芯をつけた箱をおく。本などを台に、斜めにしてもよい。 ② 離れた場所から輪を投げて、輪投げ遊びをしよう。

【応用】
● 板に木の棒を打ちつけてつくってみよう。この場合、水道用のホースで輪をつくってもよい。
● 的を壁につけてもいいね。

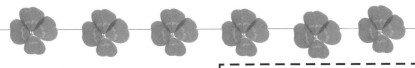

用意するもの
トイレットペーパーやラップの芯
太目のひも（手芸用・荷物用・ロープなど）
お菓子の箱

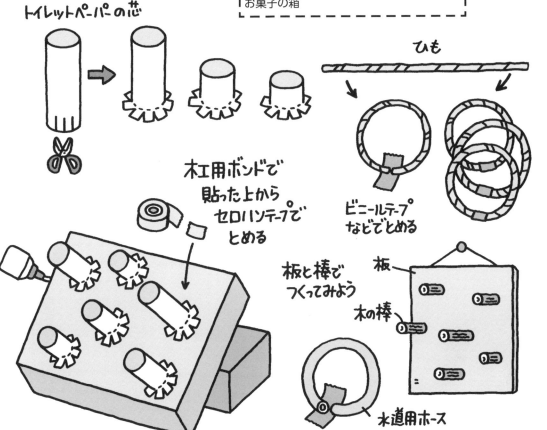

トイレットペーパーの芯

木工用ボンドで
貼った上から
セロハンテープで
とめる

ひも

ビニールテープ
などでとめる

板と棒で
つくってみよう

板

木の棒

水道用ホース

・・

つくり方

① トイレットペーパーの芯を、間隔をあけ
て箱に貼る。トイレットペーパーの芯は、
切りこみを入れて外に折り曲げ、ボンド
で固定した上からセロハンテープを貼る
と強くなる。長さの違う芯を用意しても
よい。

② 30㎝くらいに切った太目のひもを、ぬい
合わせるかビニールテープなどでとめて、
ひもの輪をつくる。多めにつくっておく。

よーくねらって
紙ヒコーキダーツ

遊び方	① 2人で的を広げて持つ。
	② 投げる位置をいくつか決めて線をひく。
	③ 線からヒコーキを投げて的を通り抜けさせよう。

【応用】

● 的までの距離を年齢で変えるなど、ルールを考えよう。

● 通り抜けた回数で勝敗を決める。

● 人数が多ければリレーをしよう。的を通したら、投げた人がヒコーキを拾って次の人にわたす。

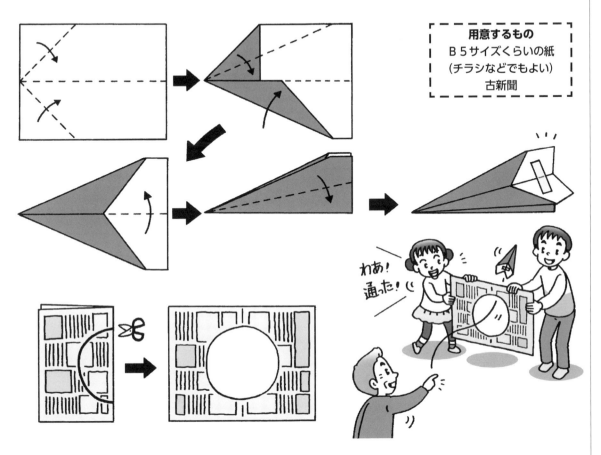

用意するもの
B5サイズくらいの紙
（チラシなどでもよい）
古新聞

わあ！
通った！

つくり方	知っているヒコーキの折り方でかまいませんが、この遊びにはまっすぐ飛ぶヒコーキがいいと思います。 ① 図のように折ってヒコーキをつくる。羽が開かないようにテープでとめてもよい。 ② 新聞紙をくり抜いて的にする。

むくむくくんとふわふわくん

ちょこっとコラム

子どもたちは、まずお風呂で泳ぐ練習を始めますね。むくむくくんもふわふわくんも、水となかよくなるおもちゃです。子どもといっしょにお風呂で遊びましょう。

わたしは
ふわふわくん
うかべるよ！

わ～！
むくむくだ！

遊び方

【むくむくくん】

● お風呂で沈めてみよう。むくむくっと起きてくるよ。

● 袋が長ければ顔をお湯につけないと沈められません。泳ぐ練習のために、意識して袋を長くするのもいいですね。

【ふわふわくん】

● お風呂やプールに浮かべて遊ぼう。

● 容器が沈まない程度に石を重くするとおもしろい。バランスを考えてやってみよう。

むくむくくん

ふわふわくん

石　ビニールテープ

へなへな…

むくむく…

2個つなげてもいい

用意するもの
【むくむくくん】
　紙コップ　ビニールの傘袋
【ふわふわくん】
　ヨーグルト容器　石などの重り
画用紙　ビニール袋

つくり方

【むくむくくん】
● 紙コップの底を抜き、傘袋をかぶせてビニールテープで貼る。傘袋の長さは子どもに合わせて調節しよう。

【ふわふわくん】
① ヨーグルト容器の底に石などの重りをビニールテープで固定する。どのくらい沈めるかによって重りの重さを変えよう。
② 画用紙に絵（子どもや動物など）を書いて容器のふちに貼る。
③ 容器をビニールテープで2個つなげてつくってもよい。

かんたん帆かけ舟

ちょこっとコラム

子どものころ、父が田んぼの様子を見に行くときによくついていきました。帰りに川で笹舟や草花を流し、競争しながら帰ったことを今でもなつかしく思い出します。

| 遊び方 | プールや池などに浮かべて、うちわであおいで走らせよう。 |

【応用】

● いろんな材料で船をつくってみよう。

● 笹があったら笹舟をつくってみよう。

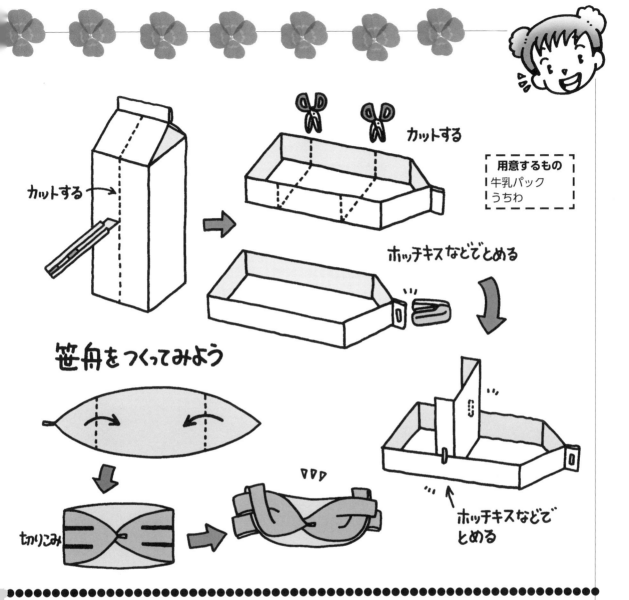

カットする

カットする

ホッチキスなどでとめる

用意するもの
牛乳パック
うちわ

笹舟をつくってみよう

切りこみ

ホッチキスなどで
とめる

つくり方

① 牛乳パックを縦半分に切る。

② 口の部分が開いていたら、ホッチキスやビニールテープでとじる。

③ 図のように、牛乳パックの上下を切りとって帆をつくる。

④ 帆を船の部分と組み合わせて固定する。

紙染めで遊ぼう

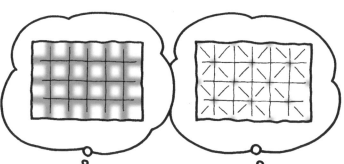

天気のいい日に、染めた紙を乾かして、きれいな模様の紙をつくりましょう。その和紙（千代紙）を使って、いろんなものをつくってみましょう。どんなものができるかな？

遊び方	紙染めの和紙でいろんなものをつくってみよう

人形　筆立て　飾り箱 (P.72 参照)
- 折り紙にして遊ぼう。
- 千代紙にして、和紙の人形をつくろう。

- 箱に貼ったり、空き缶に貼って筆立てにしてみよう。
- 和だこをつくってみよう (P.73 参照)

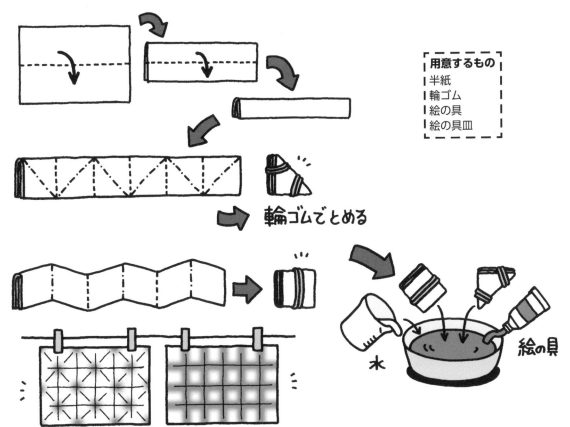

輪ゴムでとめる

水　　絵の具

 つくり方

① 紙を横長に2回折る。
② 端からびょうぶ折りにしていく。三角形・四角形で模様が変わるので両方試してみよう。
③ 最後まで折ったら輪ゴムでとめておく。

【染め方】
④ 絵の具を数種類、絵の具皿に濃いめに溶く。
⑤ 紙をまっすぐに立てて色水につける。
⑥ 色をつけ終わったら広げて乾かす。

いろんなものをつくってみよう

◁筆立て▷

◁人形▷

毛糸

空き缶に貼る

◁飾り箱▷

箱に貼る

空き缶に貼ってみたの！

すてき！ペン立てね！

和だこをつくってみよう

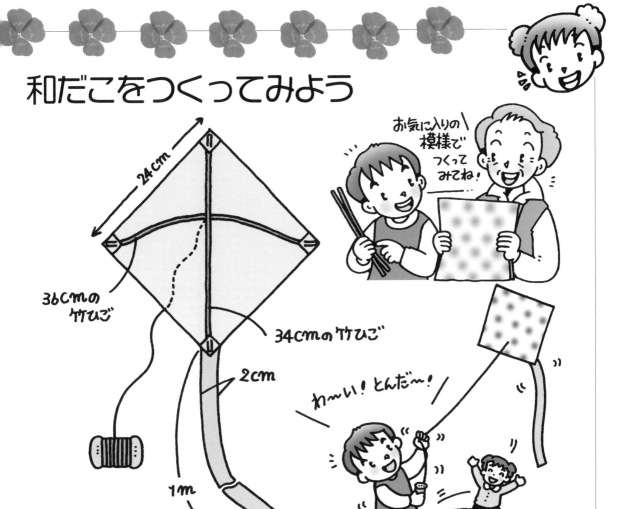

お気に入りの模様でつくってみてね!

24cm

36cmの竹ひご

34cmの竹ひご

2cm

1m

わ～い! とんだ～!

つくり方

① 24 cm×24 cmの和紙の対角線上に、34 cmの竹ひごを木工用ボンドで貼る。
② 36 cmの竹ひごを曲げて、弓状にする。
③ 四隅に補強用の和紙を貼る。
④ 下の部分にしっぽを貼る。
⑤ 竹ひごのクロス部分にたこ糸をつける。

用意するもの

竹ひご……1.8 mm× 34 cmを1本(縦骨)
　　　　　1.8 mm× 36 cmを1本(横骨)
和紙や障子紙……24 cm× 24 cmを1枚(本体)
　　　　　3 cm× 3 cmを4枚(補強用)
紙テープか和紙……2 cm× 1 mを1本(しっぽ)
たこ糸

息を合わせて

ふわふわボールリレー

おじいさん！ガンバレ！

ガンバレ～！
次はボクたちだ！

ちょこっとコラム

運動会の「大玉運び」で、勢いあまっ
て客席に飛びこんだ大玉を、観客が
楽しそうに送り返していたことを思い
出します。家族で力を合わせて大玉
運びをしてみませんか？ゴミ
ポリ袋の大玉ならかさばる
こともないでしょう。

おとさない
ように…

おっとと！

遊び方

① 大人と子どもでペアを組み、手をつなぐ。
② ２人の空いた手でボールをはさむように持ち、
　木を回ってくる。
③ ボールを次のペアにわたしてリレーをしよう。

【応用】

● サッカーやバレーボールのように、リフ
ティングやトスが何回できるかやってみ
よう。

用意するもの
ゴミ袋（45L）

ふ〜〜！

大きな
ボールをつくる！

一緒に
はこぼうね！

うん！

つくり方	袋に空気を吹きこんで口をしばり、大きなボールをつくる。

大人も熱くなる？

新聞紙で電車ごっこ

ちょこっとコラム

子どもたちが好きな電車ごっこでいっしょに遊びませんか。「電車ごっこはちょっと…」と気後れする人も、リレーで競争するとなったら、きっと本気になりますよ。

遊び方

① 2人一組で電車の中に入り、10mくらい先の目印を回ってくる。
② 新聞紙が破れたら、その場で貼り直すか、新しくつくり直してゲームを続ける。少し破れただけならOKとする。
③ もどったら、そーっと降りて次の組と交代する。
④ 一番早くもどったチームの勝ち。

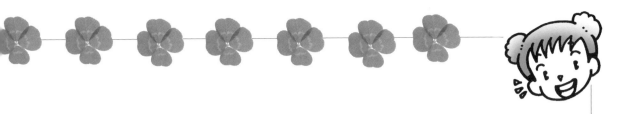

つくり方　新聞紙3枚をガムテープでつないで輪にする。

カッパのぱくぱく落ち葉拾い

ちょこっとコラム

おもちゃのワークショップの最後に「ゴミを拾うおもちゃ」と紹介して、ゴミ拾い競争によく利用しています。競争ですから、子どもたちは「それ、おれのごみだぞ」とケンカにまでなります。このおもちゃの楽しさを知ったら、きっと家に帰ってから庭の落ち葉拾いができますよ。

遊び方	① 両手で持ち、左右に動かすと、口がぱくぱく動く。 ② 物を拾う練習をしたら、家族で落ち葉拾い競争をしよう。

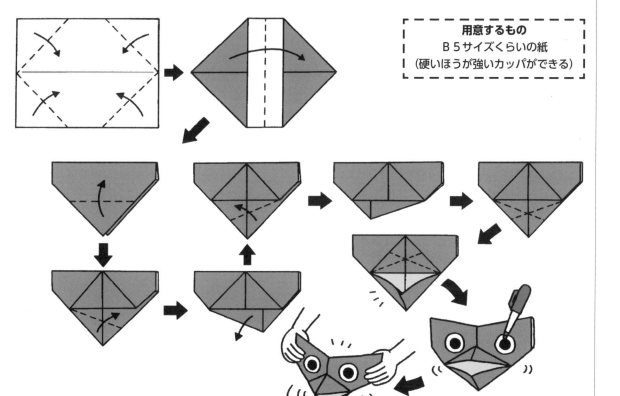

用意するもの
Ｂ５サイズくらいの紙
（硬いほうが強いカッパができる）

つくり方	① 図のように紙を折る。
	② 油性ペンでカッパの顔を書く。
	※1人に1個つくろう。

走りだしたくなる
トレー風車

ちょこっとコラム

風車にはいろいろな形がありますが、これはかんたんにできるから、子どもたちも走ってみたくなると思います。カッターナイフを使うので、お父さんが切ってあげましょう。「お父さん、すごーい」といわれる風車です。

わ〜い！

くるくる……

くるくる

おぉ〜！
よくまわる！

わたしは
納豆のパックで
つくったよ！

これは
おもしろい！

くるくる……

遊び方	割りばしを持ち、風に向けて走ってみよう。 くるくる回るときれいな模様になるよ！

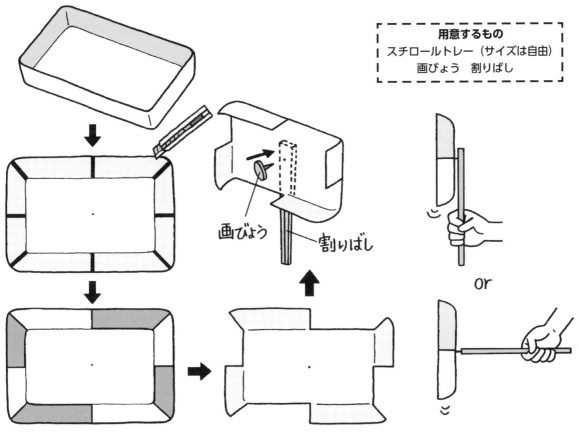

用意するもの
スチロールトレー（サイズは自由）
画びょう　割りばし

画びょう　　割りばし

or

 つくり方

① スチロールトレーの8か所に切りこみを入れ、4か所にカッターナイフでキズをつけて折る。

② トレーの中央に、割りばしを画びょうで固定する。トレーの底と割りばしの間は少しすき間をあける。

③ 油性ペンで、好きな絵や模様を書こう（文字だけでもよい）。

何が出るかな
ルーレットゲーム盤

ちょこっとコラム

ルーレットが止まった所を、点数でなくいろんなお題にしたゲーム盤です。勉強好きな子になってほしいお父さんやお母さんなら、問題を考えるといいですね。また、歌の好きな家族なら、歌う曲名を書いてもいいでしょう。

遊び方	① 箱の中央でルーレットを回す。ずれるようなら、箱の中にCDより一回り大きい紙皿をおいてその上で回すとよい。 ② 矢印が止まった番号のお題にしたがって答えよう。

【応用】
● 点取りゲームや野球ゲーム盤にしてやってみよう。
● 恋占いやお昼に食べたいものをルーレットで決めるのもいいね。

82

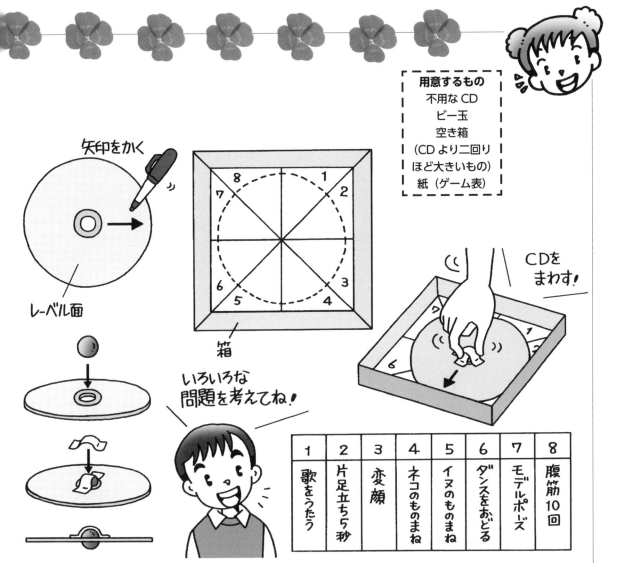

用意するもの
不用な CD
ビー玉
空き箱
（CD より二回り
ほど大きいもの）
紙（ゲーム表）

矢印をかく

レーベル面

箱

いろいろな
問題を考えてね！

CDを
まわす！

1	2	3	4	5	6	7	8
歌をうたう	片足立ち5秒	変顔	ネコのものまね	イヌのものまね	ダンスをおどる	モデルポーズ	腹筋10回

【ルーレット】

① CD の表面に外向きの矢印を書く。
　絵や模様を入れてもよい。

② CD の穴にビー玉をはめ、テープで
　とめる。（裏にはテープを貼らない）

【ゲーム盤】

③ 箱の底を8等分して、1から8の番号を書く。

④ 遊び方により、いろいろゲーム表をつくろう。

問題ルーレット（たしざん・漢字など）

お題まかせ（止まったら変顔・物まね・歌など）

どこまで積めるかな
ゆらゆらスカイツリー

ちょこっとコラム

東京スカイツリーは634mもある高い塔です。これはそんな高い塔をめざして積み上げるおもちゃです。夢中になりますが、集中して静かに遊べますよ。

遊び方	①1cm幅の輪切りを台の上に積んでいく（ひし形に少し開いて積むとよい）。 ②2つ目以降は、クロスさせるように重ねていく。 ③くずさずに何個積めるかチャレンジしよう。	**【応用】** ● 2人で交互に積んで勝負してみよう。

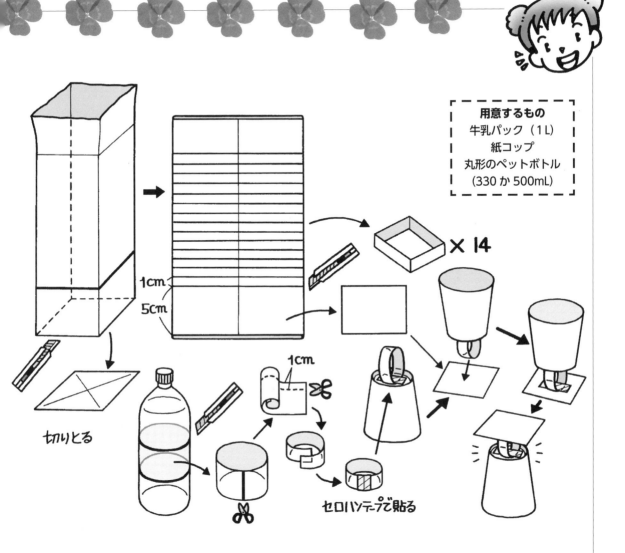

用意するもの
牛乳パック（1L）
紙コップ
丸形のペットボトル
（330 か 500mL）

× 14

1cm
5cm

切りとる

1cm

セロハンテープで貼る

 つくり方

① 牛乳パックの底を切り落としてたたむ。
② 5cm幅で1つ輪切りにしたら、残りは
　1cm幅で輪切りにする（14個くらいと
　れる）。
③ ペットボトルの中央から円柱を切りだし、
　その円柱を幅1cmに切る。

④ ③の端を少し重ねてテープで貼り、輪に
　する。
⑤ 逆さにした紙コップの底に④を貼る。
⑥ 5cmの輪切りの1面を切り取り（5cm
　×7cm）、⑤の上に貼る。

トイレットペーパーの芯飛ばし

ちょこっとコラム

天高く馬肥ゆる秋。気持ちのいい秋の野原で、トイレットペーパーの芯を空高く飛ばしたらどんなに気持ちがいいでしょう。親子でぜひどうぞ。

ビニール袋で
ゴールをつくっても
おもしろいね!

だれが
一番
飛ぶかな?

わっ!
飛んだ!

ドキ
ドキ

ちょっと
こわい…

遊び方	① 新聞紙の棒を (つぶした方を上にして) 持ち、上からトイレットペーパーの芯をかぶせる。 ② もう片方の手で割りばしを下まで下げる。 ③ 芯が下りたら、割りばしから手を離す。高〜く飛ぶよ。

【応用】
● 高い所にビニール袋などをつけて、バスケットボールのようにシュートしてみよう。

新聞紙

輪ゴム

つぶす

半分に切った
割りばし

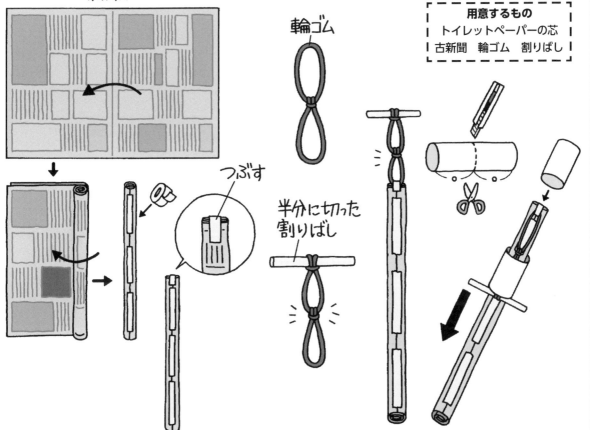

 つくり方

① 新聞紙を半分に折って細く巻く。セロハンテープを貼って棒にする（トイレットペーパーの芯より細くなればよい）。

② 棒の端をつぶしてテープでとめる。

③ 輪ゴムを2本（長さによっては3本）つなぎ、半分に切った割りばしの中央に結ぶ。

④ ③を②に貼る（テープを何度も貼って固定する）。

⑤ トイレットペーパーの芯を半分に切る。

紙コップロケット

ちょこっとコラム

いつの時代も、ロケットは子どもたちの夢を乗せて飛びます。このロケットは、おじいちゃんやおばあちゃんが子どものころのおもちゃですが、親子でつくればそんな話もできるから楽しいですよ。

遊び方

① 傘ポリ袋に息を吹きこんだら、ペーパー芯の先に紙コップのロケットをかぶせる。

②「1、2の3」で、ポリ袋の下から押し上げるようにポンと軽く叩く。

③ ロケットが勢いよく飛び上がるよ。

【応用】

● 落ちてくるロケットをキャッチしてみよう。

● 前に飛ばして距離を競争してみよう。

用意するもの
傘ポリ袋　トイレットペーパーの芯
小さい紙コップ（底の幅がペーパー芯
　の直径よりせまいものがよい）
　（あれば）折り紙

セロハン
テープ

20cm

ビニールテープ

フーフー！

①

②の

③

ポン!!

つくり方

① 傘ポリ袋を底から20cmくらいの所で切る。

② ①にペーパー芯を半分ほど入れ、セロハンテープを芯に巻いてとめる（袋が抜けないように）。

③ 芯の両端にビニールテープを巻いて補強する。

④ 紙コップに絵や模様を入れたり、折り紙で羽をつけてもいいね。

射的で勝負
割りばしでっぽう

ちょこっとコラム

昔の男の子は、みんなが携帯のナイフを持っていました。ケンカの道具ではなく、おもちゃをつくるのに必要だったからです。ですから、割りばしでっぽうもよくつくりました。今は、ナイフの使い方から指導をしなくてはいけませんが、ぜひ、子どもといっしょにつくってください。2連発3連発をつくって、射的をしたり決闘ごっこでもしたら、お父さんも尊敬されますよ。

用意するもの
割りばし　輪ゴム
ナイフ（大人が使いましょう）

お～！
すごい！

あたった～！

的をつくって遊ぼう

紙コップでつくる

絵を描く

用意するもの
紙コップ

紙コップを何個も
積んでもいいね。

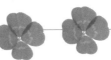

つくり方 ❶ 割りばしを図のように切り分ける。

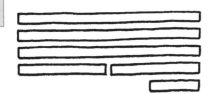

❷ 銃身になる割りばしを3本ならべて、輪ゴムでとめる。

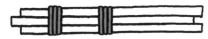

太いほうを立てて、先にする。

❸ まん中の1本は、半分より少し多く引きだす。

上から見た図

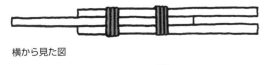

横から見た図

先に切りこみを入れる。

❺ にぎりをつくる。

上に出ている部分に輪ゴムをひっかけ、下にまわし、ねじり、またひっかける…… これを繰り返す。
にぎりの下の部分は、×印にして、交わるところを輪ゴムでしっかりとめる。

にぎり

❻ ひきがねをつくる。

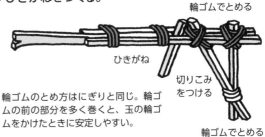

輪ゴムでとめる

ひきがね

切りこみをつける

輪ゴムでとめる

輪ゴムのとめ方はにぎりと同じ。輪ゴムの前の部分を多く巻くと、玉の輪ゴムをかけたときに安定しやすい。

❼ 切りこみとひきがねに輪ゴムをかける。

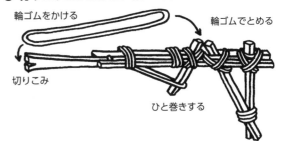

輪ゴムをかける

輪ゴムでとめる

切りこみ

ひと巻きする

牛乳パックでつくる

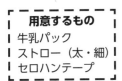

用意するもの
牛乳パック
ストロー(太・細)
セロハンテープ

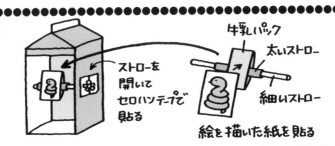

ストローを開いてセロハンテープで貼る

牛乳パック

太いストロー

細いストロー

絵を描いた紙を貼る

お父さんといっしょに
トレーグライダー

ちょこっとコラム

スチロールトレーも家庭ではよく出るゴミの1つでしょう。ボクは保育者の方々に講演する機会があると、「お父さんに参加してほしいときにつくるといいおもちゃ」としてこれを紹介しています。

遊び方	たこ糸をのばして持ち、腕を回してグライダーを飛ばそう。

【応用】
●プロペラをつくってみよう（P.94 参照）。

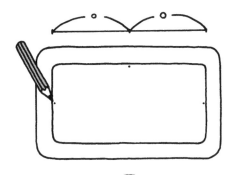

用意するもの
白いスチロールトレー（目安は1辺が
12〜15 cmのものだが、これより大き
くても小さくてもよい）
たこ糸　太いストロー　細いストロー
色画用紙　洗濯ばさみ

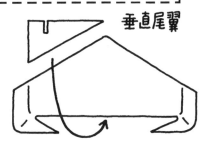

垂直尾翼

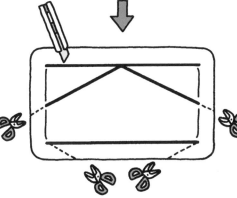

切り落とした部分で垂直尾翼をつくる

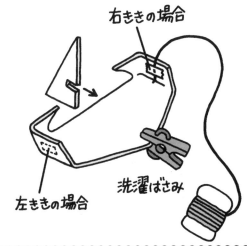

右ききの場合

左ききの場合

洗濯ばさみ

つくり方

① 図のように3か所、えんぴつでトレーに穴をあける。

② トレーの裏側から4か所、カッターナイフで切りこみを入れておく。（注：ここまでを下準備しておくとよい）

③ 図のように飛行機の形に切る。形は自由に。

④ 残った部分で垂直尾翼をつくり、本体に組みこむ。ぐらぐらするときは、セロハンテープで固定してもよい。

⑤ 飛行機の先に洗濯ばさみをつける。グライダーの大きさによって、または浮力のある場合は、洗濯ばさみを2個つけるとよい。

⑥ 右ききか左ききかを考えて、たこ糸をセロハンテープで羽につける。

プロペラをつくってみよう

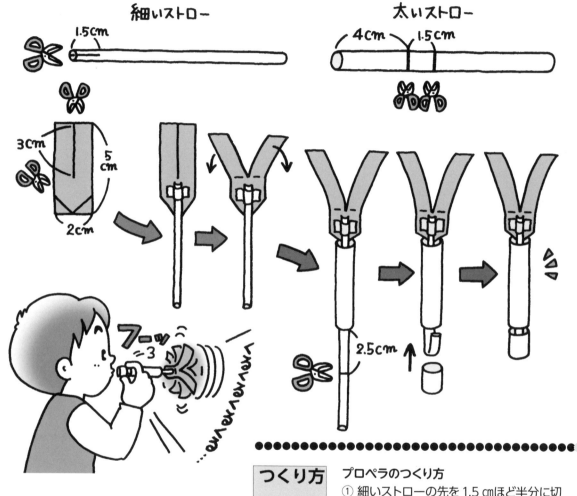

細いストロー

1.5cm

太いストロー

4cm　1.5cm

3cm
5cm
2cm

2.5cm

フーッ
=3

つくり方

プロペラのつくり方

① 細いストローの先を1.5cmほど半分に切りこみを入れる。

② 2cm×5cmの色画用紙に、3cmほどの切りこみを入れる。下を2か所、斜めに切る。

94

胴体につける

くるくる……

わーい！
まわったよ！

∨をつくる…

垂直尾翼につける

大きく
まわしてね！

③ 色画用紙をストローの切りこみにさしこ
み、セロハンテープで固定する。（注意：
テープがストローの穴をふさいだりつぶ
したりしないようにする）
④ 太いストローを4㎝と1.5㎝に切る。
⑤ 4㎝の方を細いストローに通して、太い
ストローより2.5㎝くらい長い位置で切る。

⑥ 細いストローの先をつまんで折り曲げ、
1.5㎝の太いストローをかぶせて固定す
る。
⑦ 羽を左右に折り曲げて（折り曲げすぎな
い）、太い部分を持って吹いてみる。よ
く回ればプロペラの完成。グライダー
にプロペラをつけてみよう。

本書は 2021 年 4 月小社より刊行されたものの図書館版です。

プロフィール

木村 研 （きむら けん）

1949 年　鳥取県生まれ
児童文学作家　日本児童文学者協会会員　手づくりおもちゃ研究家
『999 ひきのきょうだいのおひっこし』が、2012 年ドイツ児童文学賞にノミネートされ、
子どもたちの選ぶ「金の本の虫賞」を受賞。

【著書】『一人でもやるぞ！と旅に出た』『おしっこでるでる大さくせん！』『おねしょがなおるおまじない！』(草炎社)／『999
　　　ひきのきょうだい』『999 ひきのきょうだいのおひっこし』『999 ひきのきょうだいのはるですよ』『999 ひきの
　　　きょうだいのおとうと』『999 ひきのきょうだいのほしをさがしに』(ひさかたチャイルド)／『わくわく！びっくり！
　　　かんたん手づくり絵本』(チャイルド本社)／『子育てをたのしむ手づくり絵本』『遊ばせ上手は子育て上手』(ひ
　　　となる書房)／『作って遊ぶ！忍者になるおもちゃ図鑑』(講談社ビーシー／講談社)／『準備いらずのクイック
　　　教室＆外遊び大集合 BOOK』『手づくりおもちゃを 100 倍楽しむ本【DVD 付】』(いかだ社)　など多数

イラスト●種田瑞子
本文 DTP ●渡辺美知子デザイン室＋志賀友美

【図書館版】おそとで楽しむ遊びのワンダーランド

2021 年 4 月 14 日　第 1 刷発行

著　者●木村　研 ©
発行人●新沼光太郎
発行所●株式会社いかだ社
〒 102-0072 東京都千代田区飯田橋 2-4-10 加島ビル
Tel.03-3234-5365　Fax.03-3234-5308
E-mail info@ikadasha.jp
ホームページ URL http://www.ikadasha.jp/
振替・00130-2-572993

印刷・製本　モリモト印刷株式会社

乱丁・落丁の場合はお取り換えいたします。
Printed in Japan
ISBN978-4-87051-557-4